Birgit Primig

Sieben Lhasa Apso: immer spannend

Geschichten aus dem Alltag mit einem Hunderudel

Bibliografische Information der Deutschen Nationalbibliothek

Die Deutsche Nationalbibliothek verzeichnet diese Publikation in der Deutschen Nationalbibliografie; detaillierte bibliografische Daten sind im Internet über http://dnb.d-nb.de abrufbar.

Impressum:

© 2014 Birgit Primig.
Kontakt: www.birgit-primig.at

© Fotos: Thomas Brodmann (S. 58 oben, 60), Uschi Eisner (S. 8, 11), Wilfried Hufnagl (S. 19, 46, 76,78,80,82,92), Richard Neuböck (S. 9 oben), Georg Spitzer (S. 7 unten, 40, 57, 58 oben, 88), Birgit Primig (alle weiteren und Cover)

Herstellung und Verlag:
BoD - Books on Demand, Norderstedt
ISBN: 978-3-7322-9642-2

Die Autorin:

Birgit Primig ist Kommunikationstrainerin und PR-Beraterin. Sie lebt mit ihren Apsos im Salzkammergut in Österreich.

Neben Fachbüchern über Öffentlichkeitsarbeit schreibt sie immer wieder Bücher zu Hundethemen. Sie trainiert Kinder, Jugendliche und Erwachsene für Hunde-Ausstellungen und bietet Workshops zu Körpersprache für Hundemenschen an.

Gemeinsam mit ihrer Mutter, der international renommierten Hunderichterin Uschi Eisner, hält sie derzeit sieben Apsos. Durchschnittlich einmal pro Jahr fällt ein Wurf.

Liebe Leserin, lieber Leser,

im Jahr 2008 erschien mein erstes Buch mit kleinen Episoden aus „Platons Hundeleben." Platon gibt es nicht mehr. Er wurde knapp 16 Jahre alt.

Meine Gewohnheit, Geschichten meiner und Erlebnisse mit meinen Hunden aufzuschreiben, habe ich beibehalten.

Mittlerweile gibt es drei Rüden und vier Hündinnen - in zwei Haushalten. Das gesamte Rudel ist aber sehr oft vereint. Entsprechend viel tut sich bei uns. Die einzelnen Hundepersönlichkeiten stelle ich Ihnen gleich im ersten Text vor. Wie sie mit einander und mit uns leben, darum geht in allen Geschichten.

Falls Sie nach dieser Lektüre Lust auf einen eigenen Apso bekommen: Besuchen Sie uns. Lernen Sie das Rudel persönlich kennen. Und entscheiden Sie bitte erst danach.

Mit diesem Band möchte ich auch einen Wunsch jener erfüllen, die „Platons Hundeleben" gelesen haben: Es gibt wesentlich mehr Fotos.

In diesem Sinn wünsche ich Ihnen Lese– und Schau-Spaß,

Birgit Primig

Inhalt

Vorwort

Sieben Persönlichkeiten	6
Apsos für Kinder erklärt	12
Und sie jagen doch …	17
Das Leben steckt voller Gefahren	21
Eine Nacht mit sieben Hunden	30
Rotieren um die Futterschüsseln	35
Gefiederte Gäste im Garten	39
Chomo kämpft gegen die Leine	42
Apsos sind intelligent	49
Wir fotografieren Welpen	56
Apsos gefährden die Gesundheit	64
Kinder können lustig sein	69
Ein ganz normaler Tag …	76
Spielzeug ist wichtig	85

Sieben Persönlichkeiten

Wir leben nicht einfach mit sieben Hunden. Wir leben mit sieben Hunden, die allesamt eindeutig einer Rasse angehören. Trotzdem haben sie alle einen ganz speziellen Charakter.

Apsos sind Hunde, die Menschen nicht unbedingt brauchen. Fremden gegenüber - gleich ob Mensch oder Hund - sind sie meist höflich distanziert. Sie entscheiden gerne selbst, was sie tun und wen sie mögen. Sie sind mit Leckerlis oder Spielsachen nur dann zu motivieren, wenn es keine interessantere Alternative gibt. Sie sind hervorragende Wachhunde, aber keine Kläffer.

Vor einiger Zeit ging ein Cartoon um die Welt: Ein Mann und ein Hund neben einander an einer Bar. Der Mann: „Bond. James Bond." Der Hund: „Apso. Lhasa Apso." Unzählige Apso-Menschen weltweit haben darin ihren Hund erkannt.

So viel zu den Gemeinsamkeiten unserer Hunde. Wer sie genauer kennt, hat mit sieben sehr unterschiedlichen Persönlichkeiten zu tun. Jede einzelne ist liebenswert.

Yuni: die graue Eminenz

Yuni ist der älteste im Rudel. Ihn muss ich nie suchen, weil er immer unmittelbar und so nah wie möglich bei mir ist. Schreibtischstühle sind für ihn höchst gefährlich. Daran hat er schon viele Haarsträhnen verloren.

Er liebt es, mit Kindern auf Hundeausstellungen im Ring zu stehen. Er schwebt stolz an der Leine dahin, stellt sich selbst korrekt in Position. Yuni im Rampenlicht: Das ist seine Welt.

Vranzi: die Rudelchefin

Vranzi ist absolut unabhängig. Es ist eine Ehre, wenn Vranzi gekrault werden will. Das dauert dann etwa zwei Minuten und sie ist wieder weg.

Sie ist diejenige, die für Ordnung sorgt, wenn das Buben– und das Mädchenrudel zusammen geführt werden. Ihr

Wort gilt. Unwidersprochen.

Ihren 28 Welpen war Vranzi eine sehr pragmatische Mutter. Strenge Bewachung in den ersten Tagen, minimaler Aufwand bei der Pflege und deutliche Erziehung in den nächsten Wochen.

Zhuzhu: der einzige Schoßhund

Zhuzhu ist nett und freundlich und der Liebling aller Gäste. Sie lässt sich stundenlang streicheln, verliert dabei jegliche Körperspannung und liegt wie hingegossen auf den Menschen.

Sie ist die gemütlichste von allen sieben. Spaziergänge? Nur, wenn es denn unbedingt sein muss. Womöglich mit Tempo? Bitte nicht. Schnell wird sie nur, wenn Yuni hinter ihr her oder eine Katze in ihr Revier eingedrungen ist.

Zhuzhu blüht auf, wenn Welpen im Haus sind. Sie spielt mit ihnen und lässt sich geduldig alle Haare ausrupfen.

Dolkar: die Charmante

Dolkar wedelt gerne und oft, wobei ihr gesamter Körper in Bewegung ist. Sie ist quirlig, immer gut gelaunt und zum Spielen aufgelegt. Sie schlägt Purzelbäume vor Freude.

Sie hat das Privileg, schon im Haus geboren worden zu sein. Und das ist nicht ihr einziges. Es ist einfach sehr schwierig, ihr zu widerstehen.

Auch Dolkar hatte schon Welpen. Ihre Aufgaben als Mutter erledigt sie genauso unkompliziert wie alles andere im Leben.

Chomo: der Mahagoni-Teufel

Chomo wäre so gern der Big Boss. Selbst wenn die Dogge vor ihm die dreifache Schulterhöhe und das zwölffache Gewicht hat: Chomo muss klarstellen, dass er und nur er der Mittelpunkt der Welt ist.

Andererseits kann er unendlich zärtlich und liebevoll sein. Er putzt hingebungsvoll und stundenlang Shipas Ohren. Er liebt nackte menschliche Haut, die unbedingt und um jeden Preis geküsst werden muss.

Shipa: das Seelchen

Shipa pfötelt. Bei jeder sich bietenden Gelegenheit. Dann sitzt er oder steht auf den Hinterbeinen und fuchtelt mit den Vorderpfoten in der Luft herum. Solange, bis ihn Chomo an den Brusthaaren schnappt und wieder auf den Boden zieht. Diese Marotte wird von Fremden gerne als Kunststück interpretiert und bejubelt.

Der ehemalige Griff an der Schublade, so mancher zerkaute Schuh, Teppiche ohne Fransen: Shipa findet immer eine Beschäftigung.

Er bleibt immer hinter dem Rudel, lässt alle anderen mögliche Gefahren abklären. Vorsicht ist eine seiner wichtigsten Tugenden.

Kiki: das kleine Mädchen

Kiki, unsere jüngste, denkt gar nicht daran, ein erwachsener Hund zu werden. Sie ist völlig unbekümmert und neugierig. Sie braucht den Schutz des Rudels nicht, sondern ist immer vorneweg, wenn es  Neues zu erforschen gibt. Vranzi muss sie noch fallweise erziehen.

Kiki testet aus, was sie alles darf. Ein Verbot überschreitet sie grundsätzlich ein zweites, oft ein drittes und viertes Mal. Das Sofa ist aber auch zu bequem und Kabel von Ladegeräten schmecken einfach gut. Ein Kommando betrachtet sie als freundliche Bitte.

Apsos für Kinder erklärt

Immer wieder werden wir von Kindern um Informationen über den Lhasa Apso gebeten. Unsere Hunde waren schon etliche Male die Hauptfiguren von Referaten im Deutschunterricht. Wir haben daher eine Beschreibung speziell für Kinder im Volksschulalter zusammen gestellt.

Unsere Hunde kommen eigentlich aus Tibet. Das ist ein Land in Asien, das etwa 6.500 km weit weg ist. Das ist eine Entfernung wie 13 Mal durch Österreich oder elf Mal von München nach Hamburg.

Die Hauptstadt von Tibet heißt „Lhasa". Nach ihr ist der Lhasa Apso benannt. "Apso" bedeutet eigentlich nur "langhaariges Tier".

Den Lhasa Apso gibt es schon sehr lange. Die Menschen in Tibet halten ihn für heilig. Er darf daher auch nie verkauft werden, sondern wird immer nur weiter geschenkt.

Heilig ist er aus zwei Gründen:

1. Die Tibeter meinen, der Lhasa Apso hat einst Buddha begleitet. Das war der Mann, nach dem die Religion Buddhismus benannt ist. Buddha hat vor mehr als 2500

Jahren gelebt. Wenn er in Gefahr war, dann hat sich der kleine Hund in einen ganz großen Löwen verwandelt und Buddha beschützt.

2. Die Tibeter glauben an die Wiedergeburt. Das bedeutet, wer stirbt, kommt erneut zur Welt. Immer wieder. Wer ein gutes Leben geführt hat, kommt wieder als Mensch zur Welt. Wer nicht so gut war, wird als Tier wieder geboren. Der Lhasa Apso ist eine Wiedergeburt eines Mönch, der irgend etwas Verbotenes getan hat.

Tibetische Nonnen mit einem Apso auf Pilgerreise.

Der Lhasa Apso lebt im Kloster als Wachhund. Dort liegt er auf den Dächern und auf Mauern und passt auf, was rundherum passiert. Der Apso darf dann aber nicht bellen, damit der die betenden Mönche und Nonnen nicht stört. Dafür kann er ganz tief knurren. Wenn wirklich etwas gefährliches passiert - wenn zum Beispiel ein Wolf auftaucht - dann holt der Lhasa Apso Hilfe: andere Hunde, die "Do Khyi" heißen, und ganz groß und gefährlich sind.

Lhasa Apso können stundenlang spazieren gehen. Sogar tagelang. Sie begleiten nämlich in Tibet die Mönche und Nonnen auf ihren Pilgerreisen, die sie dort fast nur zu Fuß machen. Weil das Land so groß ist, kann so eine Reise auch ein paar Jahre dauern. Das ist dann wie von Hamburg nach Wien und zurück oder noch weiter. Und der Lhasa Apso trabt immer daneben her.

Tibet ist ein Land, das ganz hoch oben liegt. Wer auf die Zugspitze, den höchsten Berg Deutschlands klettert, ist immer noch nicht so hoch oben wie Tibets Hauptstadt Lhasa. Wer auf den höchsten Berg Österreichs steigt, den Großglockner, ist fast gleich hoch oben wie Lhasa. Der höchste Berg der Welt, der Mount Everest, ist auch in Tibet.

Deshalb haben Apsos auch lange Haare:

1. Dort oben ist es immer windig, weil keine Bäume mehr wachsen. Mit dem Wind weht ständig Sand durch die Luft.

2. In Tibet ist es immer kalt. Tibetische Menschen haben nie Kleidung mit kurzen Ärmeln an. Die langen Haare schützen auch vor der Kälte.

3. So weit oben ist die Sonne sehr stark. In Tibet gibt es deshalb auch so viele blinde Menschen wie sonst nirgends auf der Welt. Dem Lhasa Apso und vielen anderen Tieren in Tibet fallen die Haare über die Augen, das wirkt dann wie eine Sonnenbrille.

Lhasa Apsos sind kleine Hunde. Die Größe von Hunden wird nicht am Kopf, sondern am oberen Ende der Schulterblätter gemessen. Ein Lhasa Apso ist normalerweise zwischen 25 und 28 cm hoch. Er

In Tibet sind Apsos manchmal gar nicht frisiert.

kann sich damit fast hinter einem Schulheft verstecken.

Apsos werden sehr alt. Chomos Oma wurde 17, sein Onkel 16, und eine Tante von ihm sogar 19 Jahre alt. Will man das Hundealter umrechnen auf Menschenjahre, müsste Shipa mit einem Jahr schon in die dritte oder vierte Klasse der Volksschule gehen, Kiki ist noch im Kindergarten. Yuni (10 Jahre) und Vranzi (8 Jahre) wären gerade in Pension gegangen.

Es gibt fast keine dicken Lhasa Apsos. Das hat wieder mit dem Land Tibet zu tun. Dort gibt es nur ganz wenig zu essen. Auch die Hunde bekommen dort fast nur einen Brei aus Gerstenmehl und Yak-Milch. Yaks sind ganz besondere Rinder, die ein Fell wie ein Apso haben.

Deshalb brauchen sie auch bei uns nur recht wenig Futter. Am liebsten fressen sie bei uns trotzdem rohes Fleisch. Aber Chomo liebt Karotten, Yuni mag Fenchel sehr gerne und Shipa hat entdeckt, dass Paranüsse und Cashewkerne ganz großartig schmecken.

Und sie jagen doch …

Angeblich sind Apsos keine Jagdhunde. Meine Buben jagen schon. Einander. Gleich nach dem Frühstück ist die erste große Jagd im Garten fällig. Sie folgt immer nach ganz bestimmter Choreografie.

Von der Haustür geht es gleich rechts weg, direkt an den Gartenzaun. Zwischen Zaun und Sträuchern wird erstmals Tempo aufgenommen.

Ein wenig gebremst wird erst beim Teich. Hin und wieder kommt es zu Auflauf-Unfällen, wenn einer der Hunde zwischendurch drei

Schluck Teichwasser schlabbern muss. Im Winter wird über das linke Ufer des Teichs abgekürzt, da schlittern sie über das Eis.

Hinter dem Teich ist ein kleiner Hügel mit Hibiskus-Sträuchern. Alle Hunde müssen ihn überqueren, um dann erneut mit viel Geschwindigkeit den Zaun entlang zu galoppieren. Spätestens hier klauben die Hunde Äste

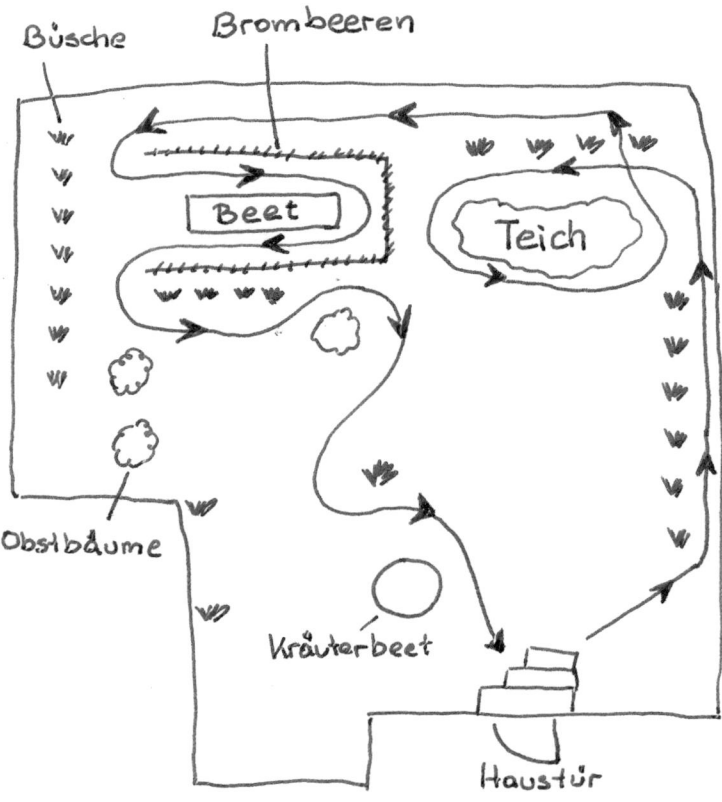

und Blätter von der Brombeerhecke auf, die im Fell hängen bleiben.

Es folgt eine ganz scharfe Kurve in die Gemüsebeet-Rotunde. Der Rhabarber stand dabei ursprünglich im Weg, hat sich aber taktvoll verabschiedet. Hin und wieder wird auch hier eine kurze Pause eingelegt, um schnell ein paar Gräser zu naschen.

Danach stehen noch drei große Kurven an: Hinter dem Pfirsichbaum vorbei, rund um einen Strauch und nach dem Kräuterbeet ab in die Zielgerade.

Unmittelbar darauf sitzen drei Apsos vor der

Los geht's Richtung Teich.

Haustür und schauen in den Garten. Sofern die Haustür geschlossen ist. Ist sie offen, geht die Jagd noch bis ins Wohnzimmer weiter.

Die Hunde haben längst gelernt, dass der Sprung ins Haus gefährlich sein kann. Sie schlittern gekonnt über die Fliesen und bremsen nicht mehr unfreiwillig im Schuhschrank, sondern punktgenau am Teppich im Wohnzimmer.

Von Entspannung ist aber noch nichts zu sehen. Alle drei sind in Lauerstellung: Wer flitzt zuerst wieder los? Ein paar angetäuschte Manöver, und dann geht es in die nächste Runde.

Das Leben steckt voller Gefahren

Hunde sind grundsätzlich neugierige Wesen. Manche weniger, Apsos eher mehr. Die Erforschung der Welt beginnt im Welpenalter und endet noch nicht einmal für Senioren wie Yuni.

Ein Roboter reagiert nicht

Chomo und Yuni zu Besuch bei Freunden. Sie erforschen die Wohnung, schnuppern dahin und dorthin.

Auf einmal bewegt sich ein flaches dunkles Ding geradeaus durch das Wohnzimmer. Gibt seltsame Geräusche von sich.

Die Hunde sind alarmiert. Parallelsprung im Retourgang, um vorsichtshalber Abstand zu gewinnen. Scharfe Beobachtung.

Das Ding stößt an eine Wand, dreht sich im Kreis, zieht die nächste Spur gerade aus durch das Wohnzimmer.

Yuni wedelt, vorsichtig. Chomo knurrt, auch vorsichtig. Das Ding reagiert überhaupt nicht. Yuni probiert es auch mit Knurren. Nichts. Ein erster Kläffer: nichts.

Die erste Kontaktaufnahme wagt Yuni. Er erwischt allerdings wieder einen Moment, in dem dieses Ding an eine Wand stößt und sich umdreht. Es fährt nun direkt auf Yuni zu. Wieder ein Retoursprung.

Der Staubsauger hat die beiden noch länger beschäftigt. Immer wieder umkreist, immer wieder angeknurrt. Aber er hat sogar die Aufforderung zum Spielen ignoriert.

Das Rollo macht sich selbständig

Was ein Welpe nicht kennt, muss angeknabbert werden. Wenn etwas irgendwo angebunden ist, muss ein Welpe dran ziehen.

Erwischt hat es zuerst Chomo. Dann Shipa. Schließlich Kiki.

Eines der Körbchen steht direkt unter dem Wohnzimmerfenster. Am Abend werden die Rollos herunter gezogen. Direkt über dem Körbchen schwebt dann eine kleine Plastikkugel an einer Schnur.

Welpe liegt im Körbchen. Dehnt sich, streckt sich, der Abend ist langweilig. Da kommt die kleine Plastikkugel ins Blickfeld. Schon gibt es eine Beschäftigung: Kugel-Erforschung.

Anstupsen: Sie schaukelt weg und klingelt gegen den Heizkörper. Reinbeißen: der Geschmack überzeugt nicht. Dran ziehen: Hoppla!

Welpe hat die Mechanik ausgelöst. Das Rollo saust hinauf, ungebremst. Die Kugel saust noch höher und schlägt gegen die Decke. Erst bei Kiki kommt sie nur noch in Einzelteilen wieder herunter.

Fast schneller als das Rollo oben ist, ist Welpe aus dem Zimmer. Nach sieben Schrecksekunden taucht eine Nasenspitze in der Tür auf. Luft rein? Alles wieder in Ordnung?

Drei Schritte ins Zimmer, vorsichtig, langsam, leicht geduckt. Niederlegen, den Blick aber keinesfalls vom Fenster nehmen. Scharfe Beobachtung über Minuten: Es tut sich nichts. Schön langsam entspannt sich der Hundekörper.

Das Körbchen bleibt aber noch einige Tage jenen überlassen, die diese Erfahrung bereits gemacht haben.

Es raschelt im Gebälk

Im Dachstuhl leben Mäuse. Sie haben bei ihrem Einzug Chomo, Yuni und Shipa gleichermaßen irritiert.

Es ist ganz leise im Arbeitszimmer, zu hören

nur die Tastatur des Computers. Auf einmal raschelt es links oben. Drei Hunde versammeln sich im Eck und knurren zur Decke.

Wieder Ruhe. Plötzlich trippelt es rechts vorne. Und wieder Ruhe. Die Hunde knurren vorsichtshalber.

Nach einigen Tagen haben wir uns alle ans Rascheln und Trippeln gewöhnt. Niemand reagiert mehr.

Eines Tages marschiert eine Maus quer durchs Arbeitszimmer. In aller Seelenruhe. Verschwindet hinter dem Aktenschrank. Taucht auf der anderen Seite wieder auf. Yuni, Chomo, Shipa: Sie schauen gelassen zu. Kein Hund kommt auf die Idee, mehr als nur eine Augenbraue zu heben.

Sie durfte tagelang unbehelligt im Arbeitszimmer herumspazieren.

Die Maus konnte erst nach Tagen überredet werden, freiwillig in eine Lebendfalle zu wandern.

Seerosen sind nicht trittfest

Das ist eine Erkenntnis, zu der alle unsere Welpen sehr früh gelangen. Die großen Blätter liegen scheinbar harmlos herum, wie so viele andere Blätter auch. Dass sich darunter Wasser verbirgt, müssen Hunde erst lernen.

Die Welpen spazieren durch den Garten, entdecken eine Seerosenblüte. Sie muss wie alles im Garten inspiziert werden. Nase und Blick auf die Blüte und drauflos gestapft. Bis das Blatt unter den Pfoten nachgibt und der Welpe unfreiwillig im Wasser landet.

Großes Fangenspiel im Garten, alle Hunde flitzen herum, tauschen die Rollen vom Jäger zum Gejagten und umgekehrt. Irgendein besonders schlauer Welpe will eine Abkürzung nehmen. Und landet im Wasser.

Durst! Der Teich ist der beliebteste Trinknapf aller Hunde. Wasser schmeckt aber nicht an allen Teichstellen gleich gut. Also da einen Schluck nehmen, dort einen. Wer es nicht weiß, steigt dabei auf ein Seerosenblatt. Und wieder lernt ein Hund unvermutet schwimmen.

Jeder einzelne Hund unseres Rudels, jeder Welpe ist auf diese Weise zum ersten Bad im Gartenteich gekommen. Ein Schicksal, das sie mit vielen Gasthunden teilen.

Ein Freitag-Abend vor einer Ausstellung in Salzburg, eine Havaneser-Besitzerin ist mit ihrem frisch gebadeten und geföhnten Hund zu Besuch. Sie ist früher als geplant wieder abgefahren. Sie musste den Hund noch einmal baden und viele Wasserlinsen aus dem langen Haar zupfen .

Von einem weißen Großpudel war kurzfristig nur noch die puschelige Schwanzspitze

Der Gartenteich ist die beliebteste Wasserschüssel.

zwischen den Seerosen-Blüten zu sehen. Der sprichwörtliche begossene Pudel stand kurz darauf sehr armselig neben dem Teich.

Die Leonberger-Dame konnte am Teichgrund stehen, brauchte aber Ausstiegshilfe. Nur die Parson-Russel-Hündin ist zwischen den Blättern immer wieder ein paar Runden geschwommen. Absichtlich.

Kröten springen hoch und weit

Kurz vor Mitternacht, die letzte Pinkelrunde im Garten. Plötzlich wildes Bellen von Chomo und Yuni. Sie stehen an einer Wand, fixieren irgend etwas. Wedeln aufgeregt.

Ich gehe nachschauen, sehe aber zunächst gar nichts. Viel zu finster.

Plötzlich springen beide Hunde im Retourgang einen Meter von der Wand weg und bellen wie verrückt. Ich sehe immer noch nichts.

Ich gehe zur Wand - nichts. Ich beuge mich runter - und springe auch im Retourgang zurück.

„Bufo viridis", eine grüne Wechselkröte ist eingewandert. Sie hat sich den Gartenteich als Laichplatz ausgesucht und die nächtliche Ruhe für ihre Wanderung genutzt. Ihr Nachwuchs wurde leider Libellenfutter.

Weiße Gestalten in der Wiese

Bei einem Besuch in Wien war eine schnelle Pinkelrunde spät nachts im Hinterhof notwendig. Die Hunde dürfen von der Leine und toben über eine Wiese. Mitten im Galopp wird scharf gebremst.

Da steht jemand. Mit seltsamen Konturen, nicht sonderlich groß, bewegt sich nicht. Chomo schnuppert. Nichts besonderes. Er nähert sich ganz langsam mit tief gelegtem Kopf der seltsamen Figur an. Bis auf eine Distanz von einem Meter.

In diesem Moment kracht eine Dachlawine acht Stockwerke herunter.

Chomo wird zur Bestie. Die seltsame Figur macht offenbar Lärm. Er holt sein allertiefstes Knurren raus, sprintet rundherum, bellt, knurrt wieder.

Yuni trabt langsam durch die Wiese, direkt auf diesen Jemand zu. Chomo rast auf ihn zu, will ihn abdrängen. Aber Yuni ist stur, geht beharrlich weiter. Chomo flippt aus. Rast zu mir, bellt, rast zurück, bellt weiter, zieht Yuni am Schwanz.

Der bleibt unbeeindruckt. Beschnuppert den Jemand. Pinkelt ihn an. Chomo bleibt direkt hinter ihm. Ganz geheuer ist ihm das trotz Yunis Beispiel noch immer nicht.

Ich habe darauf verzichtet, im Winter Schneemänner zu bauen, nur um Chomo wieder zu desensibilisieren.

Eine Nacht mit sieben Hunden

Alle unsere Hunde schlafen in unseren Schlafzimmern, die Türen sind offen. Sie liegen nicht im Bett, sondern in ihren Körbchen. Normalerweise. Wird das Rudel vereint, ist eine Neuaufteilung notwendig.

Alle Türen sind wie gewohnt offen. Die Rüden laufen mir ins Schlafzimmer nach. Die Hündinnen sollten mit Uschi ins obere Stockwerk wandern, finden aber den Weg der Rüden spannender. Soll sein.

Shipa ist immer der erste im Bett.

Yuni biegt wie gewohnt gleich nach der Tür links ab. Und ist fassungslos. Vranzi hat sein Körbchen okkupiert, liegt da mit größter Selbstverständlichkeit, eingerollt, Augen schon geschlossen. Yuni muss ausweichen, einen neuen Schlafplatz suchen. Das dauert.

Zhuzhu lässt sich mitten auf dem Teppich fallen. Das ist dann aber doch nicht so bequem. Am großen Polster liegt aber längst Dolkar. Also dazu kuscheln. Das findet Dolkar aber nicht so toll. Die nächste geht auf Wanderschaft.

Ich lege mich ins Bett. Shipa wartet schon. Er schlüpft unter die Decke, muss sich fünf Minuten lang ankuscheln. Er braucht das. Bis Chomo grummelt, jetzt ist er dran mit Gute-Nacht-Kraulen. Shipa und Chomo verziehen sich ans untere Bett-Ende.

Kiki entdeckt, dass der Kasten nicht ganz geschlossen ist. Da muss sie rein. Das finde ich wieder nicht so toll. Also wieder aufstehen. Gar nicht so einfach, wenn direkt neben dem Bett mittlerweile vier Apsos liegen und zwei weitere die Bettdecke beschweren.

Ich schließe den Kasten, räume vorsichtshalber auch noch einen Korb mit Wäscheklammern weg, der auf dem Boden steht.

Zurück ins Bett. Scheint, als kehrte Ruhe ein. Ich dämmere weg. Und werde wach von Trippeln und Grummeln.

Zhuzhu hat es sich anders überlegt. Sie will doch im oberen Zimmer bei Uschi schlafen. Zhuzhu allein: geht gar nicht. Auch Vranzi macht sich auf den Weg. Yuni hinterher.

Kiki merkt, dass ich nicht mehr tief schlafe. Das bedeutet: Ich muss wach geküsst werden. Sie springt ins Bett, versucht, zu meinen Ohren vorzudringen. Sie scheitert, weil die Decke längst über meinen Kopf gezogen ist. Dolkar eilt zu Hilfe und gräbt mich aus. Shipa hilft mit, zieht an meinen Haaren.

Ein Machtwort ist fällig: Genug! Alle ab auf den Platz!

Die Wirkung hält sich in Grenzen. Kiki freut sich, bringt mir ein Plüschtier. Shipa taucht erneut unter die Decke. Chomo springt mir auf den Bauch. Mitten auf die Blase …

Die Hunde oben hören, dass ich aufgestanden bin. Natürlich müssen sie nachschauen kommen, was los ist.

Inzwischen ist eine gute Stunde Zeit vergangen. Alle Hunde haben sich endlich für einen Schlafplatz entschieden. Auch Kiki hat eingesehen, dass jetzt keine Spielzeit ist.

Irgendwann zwischen drei und vier Uhr morgens. Es ist kalt im Schlafzimmer, die Fenster sind trotz winterlicher Außentemperaturen gekippt. Mir ist heiß. Und ich kann mich nicht bewegen.

Offenbar ist es so kalt, dass es auch den Hunden in den Körbchen ungemütlich wurde. An meiner linken und rechten Seite liegen je drei Apsos angekuschelt. Chomo liegt zwischen meinen Füssen.

Alle Hunde rauswerfen? Bloß nicht. Es ist gerade so herrlich ruhig und friedlich. Also Beine einziehen, umdrehen, Beine neben Chomo wieder ausstrecken. Vorsichtig, um nicht einen der anderen zu stören. Es gelingt. Ich darf weiterschlafen.

Bis kurz vor sechs Uhr. Da hört Zhuzhu den Lieferwagen der Bäckerei gegenüber und muss das kommentieren. Dolkar gräbt mich aus, Chomo küsst meine Ohren, Shipa zieht an meinen Haaren. Yuni unterstützt Zhuzhu, weil der Nachbarsohn das Haus verlässt. Vranzi springt mir auf den Bauch. Mitten auf die Blase …

Kiki dürfte schon länger wach sein. Anders

kann ich es mir nicht erklären, dass eine Schublade des Kastens ausgeräumt ist und jede Menge Socken herumliegen.

Zwei Stunden später kommt auch Uschi von oben. Sie hat die ganze Nacht herrlich geschlafen.

Rotieren um die Futterschüsseln

Sieben Apsos haben ganz problemlos auf einem einzigen Quadratmeter Platz. Immer dann, wenn die Futterschüsseln befüllt werden. Dabei kann Kiki noch hüpfen und Shipa pfötelt. Anscheinend gilt: Wer näher dran ist, hat mehr davon.

Manchmal dauert die Futterzubereitung eine Weile. Stinkende Kutteln müssen erst geschnitten, Karotten gerieben, Kartoffeln gequetscht werden. Zhuzhu ist die erste, die sich beschwert. Kläff. Chomo muss mitreden, gibt seltsame Laute von sich und schaut dabei aus, als würde er schon kauen.

Eine Frau, zwei Hände, sieben Schüsseln: Alles gleichzeitig servieren geht nicht. Die Hunde wissen das. Also heißt es jetzt schnell sein.

Das ist allerdings gar nicht so einfach, weil das Mahl im Garten serviert wird. Bis dahin ist mindestens eine Tür zu öffnen, vor der es zu einem Hundestau kommt. Der wiederum verhindert, dass die Tür einfach geöffnet werden kann.

Sieben Hunde springen, purzeln die Treppe in den Garten hinunter. Drei Schüsseln werden abgestellt. Zhuzhu ist erstaunlich schnell, schließlich geht es um Futter. Kiki taucht unter ihr durch und ist noch schneller.

Dolkar weicht aus und ergattert die zweite Schüssel. Shipa geht in Deckung, Yuni kann sich nicht entscheiden. Vranzi wartet gelassen, es kommt ja sicher noch etwas.

Sieben Schüsseln, sieben Hunde: alle friedlich neben einander. Die Dauer dieser ersten Phase ist ein Indikator dafür, wie gut es schmeckt. Fenchel, Estragon, Petersilie, Salat. Lammpansen, Hühnermägen, Rinderherz. Lauter Köstlichkeiten. Die Hunde bleiben lange bei der eigenen Schüssel.

Banales Kopffleisch, ein Schuss Leinöl, ein wenig Trockenhefe: weniger gut. Schon nach den ersten Bissen hebt sich der erste Kopf, schaut mal zu den anderen.

Sieben Hunde, sieben Schüsseln: kein Problem.

Die Schüssel-Rotation beginnt. Mal prüfen, ob in der nächsten Schüssel etwas Besseres ist. Oder in der übernächsten. Alle gleichzeitig. Sieben Hunde kosten dort ein wenig, schnuppern da ein wenig.

Genießbare Fleischstücke werden herausgezupft, gründlich geschüttelt und von lästigen Zutaten befreit. Der unangenehme Beigeschmack wird gleichmäßig über die Wiese verteilt.

Es ist unmöglich zu kontrollieren, wie viel jeder einzelne Hund frisst. Es spielt ja auch keine Rolle. Nur Zhuzhu muss gebremst werden. Ihr ist es relativ egal, was in den Napf kommt. Sie sorgt dafür, dass sicher nichts übrig bleibt. Wenn wir sie lassen.

Manchmal gibt es Futter ohne Schüsseln. Für die Hunde fällt das in die Kategorie „besonders lecker". Das sind große ungeschnittene Kutteltelle oder Hühnerkrägen. Das ist vorzugsweise Gut-Wetter-Futter.

Das Rudel bleibt nicht zusammen, sondern jeder Hund sucht sich einen eigenen Platz, möglichst weit weg von allen anderen. Im Garten: kein Problem. Im Haus: manchmal etwas problematisch. Es kann vorkommen, dass ein Reststück der Kutteln am edlen Teppich liegenbleibt. Oder sich ein Hühnerwirbelknochen unter einer Tür verklemmt.

Wer aber freiwillig sieben Hunde hält, kennt intakte Parkettböden oder saubere Teppiche ohnehin nur aus Erzählungen.

Gefiederte Gäste im Garten

Für mehr oder weniger wilde Vögel ist ein Garten auch nichts anderes als freies Land. Für andere sogar eine Einladung. Yuni, Chomo und Shipa haben ihre eigene Art, mit Gästen umzugehen.

Vor mehr als 40 Jahren, noch im Kindergarten-Alter bekam ich neues Dirndlkleid geschenkt. Ich war so stolz, dass ich es gleich allen zeigen wollte. Die Freude war schnell vorbei. Kaum drei Schritte aus dem Haus pfützte eine Taube auf die Schürze.

Seit diesem Erlebnis kann ich diese Flugratten einfach nicht leiden. Den Tauben ist das gleichgültig, sie landen trotzdem in meinem Garten. Ich lasse sie vertreiben.

„Taube!" ist ein Wort, das zu Hochleistungs-Sprints meiner Hunde führt. Auch wenn sie selbst keine Taube sehen, folgen sie einfach der Richtung, die mein Arm anzeigt.

Mittlerweile sind sie so gute Tauben-Jäger, dass sie auch ohne Kommando losstarten. Es muss sich nur ein annähernd großer Vogel im Garten niederlassen. Es darf gerne auch eine Amsel oder Elster sein.

Zu unser aller Glück begnügen sich die Hunde mit dem Verjagen. Sie machen keine Beute. Das mag vielleicht daran liegen, dass die Vögel einfach zu schnell reagieren. Ich glaube aber gerne an den friedlichen buddhistischen Kern meiner Hunde.

Völlig ignoriert werden sämtliche kleinen Singvögel. Spatzen, Meisen, Finken. Normalerweise treiben sie sich in den Kletterrosen und Brombeerhecken herum.

Im Frühjahr sind besonders viele Vögel im Garten. Sie finden hier ideales Nistmaterial:

Im Gartenteich fand er kein Futter.

das Innenleben zerlegter Plüschtiere. Chomo kann sich stundenlang damit beschäftigen, Spielzeug zu zerstören. Dafür haben wir sogar ein eigenes Wort kreiert: „ewattuieren". Die Watteflocken liegen im ganzen Garten und werden zum Nestbau von allen möglichen Vögeln eingesammelt.

Chomo ist nur ein einziges Mal eingeschritten. Da wollte eine Elster gleich ein halbes Plüschtier entführen.

Die Spatzen landen auch, sobald die Futterschüsseln der Hunde im Garten stehen. Sie hüpfen völlig ungeniert um die Hunde herum. Angebrummt werden sie nur, wenn sie gar zu frech werden. Aber die Spatzen wissen ganz genau, dass sie nicht lange auf ihre Portion warten müssen: abgeschüttelte Haferflocken, übrig gelassene Nudeln, verlorene Reiskörner.

Ein einziger Vogel hat die Hunde in die Flucht getrieben. Der Gartenteich war neu angelegt. Ein Silberreiher wollte wohl prüfen, ob seine Mahlzeit darin schwimmt. Die Landung dieses wunderschönen Vogels war offenbar beängstigend. So schnell und so freiwillig waren die Hunde noch selten im Haus.

Chomo kämpft gegen die Leine

Chomo betrachtet eine Leine als Freiheitsberaubung. Sämtliche Tricks, ihm Leinenführigkeit beizubringen, sind bislang ziemlich kläglich gescheitert. Er zieht. Mit Kraft. Und Ausdauer.

Versuch 1: Welpenkurs in der Hundeschule. Leine in die rechte Hand, damit die linke Hand ein Leckerli vor die Hundenase halten kann. Angeblich lernen Hunde damit, sich auf ihre Menschen zu konzentrieren.

Chomo ist das Leckerli völlig egal. Sorte gewechselt. Wirkungslos. Auf Wurst und Käse umgestiegen. Wirkungslos. Beim nächsten Termin: Bitte vorher den ganzen Tag hungern lassen. Ausprobiert. Mit demselben Ergebnis. So hungrig kann er also gar nicht sein, dass er sich für ein Leckerli interessiert.

Hund absetzen: funktioniert. Hund ablegen: funktioniert auch. So gut, dass wir zu den ersten gehören, die die Leine fallen lassen und drei Schritte weggehen dürfen.

Das Problem kommt erst hinterher. Chomo steht nicht mehr auf. Er denkt gar nicht dran, weiter an der Leine sinnlos herum zu laufen.

Nach der Pause steht „Welpen-Agility" am Programm. Chomo läuft, springt, trotz Leine. Ich kann ihm aber nicht bei jedem Ausgang irgendwelche Hindernisse in den Weg stellen.

Versuch 2: „Gefährdung" des Hundes. Ein ruhiger Parkplatz als erstes Übungsgelände.

Wir gehen im Kreis. Aus dem Kreis wird eine immer engere Spirale. Der Hund soll lernen, sich auf meine Füße zu konzentrieren, damit er nicht ständig abgedrängt wird. Das funktioniert schon deshalb nicht, weil Chomo mit 60 cm Leinen zwischen Hand und Hals kaum neben meinen Füssen zu halten ist.

Richtungswechsel lösen die Spirale ab. Links, rechts, umdrehen, Bogen. Chomo läuft permanent in die Leine. Also gibt es Kommandos dazu. Die Folge: Chomo kennt „links" und „rechts" und „retour", geht aber immer noch nicht locker an der Leine. Er ändert einfach die Zugrichtung.

Versuch 3: Belohnung von Aufmerksamkeit. Leckerlis helfen bekanntlich nicht, also Umstieg auf „den Ball tragen dürfen."

Wir gehen spazieren. Chomo zieht. Der Plan: Wenn er mich ansieht, bekommt er den Ball. Die Folge: Ich trage einen Ball spazieren. Chomo ignoriert den Ball und mich.

Ich ändere die Route, vielleicht gibt es ja einfach noch zu viel Ablenkung. Leere Nebengassen, in denen absolut nichts los ist. Für mich.

Für Chomo offenbar schon. Ich habe nicht an die Düfte gedacht. Ich trage den Ball eine weitere Runde spazieren.

Versuch 3: das „Halti", schon sehr verzweifelt. Es wird dem Hund wie ein Maulkorb um die Schnauze gelegt. Eine zweite Leine wird unmittelbar am Fang an das Halti gehängt. Damit soll erreicht werden, dass der Hund den Kopf nicht mehr wegdrehen kann.

Dauer dieses Versuchs: 30 Minuten. Zurück gelegte Distanz: keine drei Meter.

Ich bücke mich zu Chomo, lege ihm das Halti an. Er lässt es problemlos über sich ergehen. Aber kaum stehe ich auf, wird Chomo zum rasenden Wollknäuel. Bis er sich aus dem Halti befreit hat.

Ich wiederhole diese Prozedur mehrmals. Chomo sieht immerhin ein, dass ich mehr

Durchhaltevermögen habe. Jedenfalls, was das Anlegen des Haltis betrifft.

Er steht. Ruhig. Fest. Mit Halti. Er bewegt sich keinen einzigen Zentimeter. Jetzt ziehe ich an der Leine. Wirkungslos. Ich ziehe fester. Chomo fällt um.

Mittlerweile haben sich einige Kinder aus der Nachbarschaft versammelt. Sie beobachten fasziniert, wie ich verzweifle.

Ich versuche, Chomo auszutricksen. Unterhalte mich mit den Kindern, die Leine lang und locker. Ich schaue Chomo nicht an. Vielleicht siegt seine Neugier.

„Ball tragen" funktioniert nur ohne Leine.

Den Kindern wird langweilig. Mir auch. Chomo liegt noch immer. Unbewegt.

Ich trage ihn ins Haus, so schnell lasse ich ihn nicht siegen. Erst drinnen wird das Halti abgenommen.

Nach drei weiteren Anläufen siegt er doch. Das Halti verstaubt in irgendeiner Schublade.

Versuch 4: Kein Schritt, bis der Zug nachlässt. Ich suche dafür wieder eine besonders ruhige Umgebung, in der es eigentlich keine Ablenkung geben sollte: die Tiefgarage.

Der Plan: Sobald Chomo zieht, bleibe ich ste-

Chomo ganz manierlich an der Vorführleine im Show-Ring.

hen. Wir gehen erst dann weiter, wenn er mich ansieht und nachgibt.

Gescheitert. Ich stehe kaum zwei Schritte von der Eingangstür zur Tiefgarage. Chomo versucht zunächst, mich nach links oder rechts zu ziehen. Er merkt, dass ich einfach stehe. Er denkt überhaupt nicht dran, mich anzusehen. Er legt sich einfach nieder. In möglichst großer Distanz zu mir, mit straff gespannter Leine.

Nachbarn kommen nach Hause, plaudern mit mir. Chomo liegt. Unbeweglich.

Nachbarn kommen aus dem Haus, wollen wegfahren, plaudern mit mir. Chomo liegt weiter. Sieht weder mich noch sonst jemanden an.

Nach einer halben Stunden sinnlosen Herumstehens und Plaudern über nachbarliche Nichtigkeiten gebe ich auf.

Versuch 5: Die Vorführleine. Sie wird unmittelbar hinter den Ohren angelegt, nicht um den Hals. Chomo muss das lernen, sonst kann ich ihn auf Hundeausstellungen nicht zeigen.

Es klappt. An diesem dünnen Schnürchen benimmt er sich - fast - wie ein gut erzogener Hund. Nur einmal ist er bei einer Ausstellung in den Ring getrabt, um dort dann nur noch zu liegen. Gangwerk leider nicht beurteilbar.

Nach all diesen Versuchen: Die Alltagsleine lässt er sich freudig anlegen. Sie bedeutet einen Spaziergang. Vor dem Gartentor setzt er sich ganz brav ab und verlässt sehr manierlich das eigene Grundstück.

Aber kaum fällt das Tor ins Schloss, hängt Chomo in der Leine ...

Apsos sind intelligent

Die Intelligenz von Hunden wird gerne und oft getestet. Angeblich sind Border Collies besonders gescheit. Pudel auch. Apsos fallen bei den meisten Tests durch.

Das liegt nicht an den Apsos, sondern an den Tests.

Eine Studie des Clever Dog Lab. Yuni und Chomo dürfen teilnehmen. Es soll herausgefunden werden, ob Hunde in der Lage sind, sich unterschiedlich geformte und gefärbte Behälter zu merken. In drei von vielen Behältern im Raum werden Leckerlis versteckt. Hund darf sie suchen. Nach dem dritten Durchgang soll Hund begriffen haben, dass die Leckerlis immer in denselben Behältern sind. Erwartet wird freudige Mitarbeit, geht es doch darum, sich ein Leckerli zu holen.

Tja. Chomo beobachtet die Versuchsleiterin. Holt sich die Leckerlis, geht zur Versuchsleiterin. Er wird hinausgebracht, die Leckerlis werden nachgefüllt. Chomo kommt rein und geht zur Versuchsleiterin. Schließlich hat sie ja offenbar den Vorrat an Leckerlis. Also erste Intervention: „Chomo, such!"

Seine Reaktion: Er steckt seine Schnauze in die Hosentasche der Versuchsleiterin.

Versuch nach dem dritten Anlauf abgebrochen.

Yuni wird geholt. Er beobachtet die Versuchsleiterin bei der ersten Verteilung. Wird losgelassen, trabt gemütlich zum ersten Behälter. Schnüffelt. Dreht den Kopf ab. Geht zum nächsten Behälter. Nimmt das Leckerli kurz raus, spuckt es aus. Geht zum dritten Behälter, Nase voraus, dreht ab, legt sich nieder.

Das Zeug schmeckt nicht. Die Versuchsleiterin

Unterordnung wird verweigert. Agility macht Shipa mehr Spaß.

hat Alternativ-Leckerlis. Ein weiterer Durchgang. Dasselbe Ergebnis. Versuch abgebrochen.

Chomo und Yuni: Am erwünschten Ergebnis gemessen sind beide durchgefallen.

Apsos widersprechen dem üblichen Bild des alltagsintelligenten Hundes. Sie haben nicht einmal eine Spur von „will to please" - dem Wunsch, ihren Menschen zu gefallen und zu dienen. Sie sind nur dann kooperativ, wenn es sich wirklich lohnt.

Shipa in der Hundeschule, an der Leine. Unterordnung. So ziemlich das Langweiligste, was es in Shipas Welt gibt. Er folgt. Geht brav bei Fuß, setzt sich, geht wieder bei Fuß, unterschiedliches Tempo, legt sich.

Alle Hunde werden abgeleint. Ihre Menschen sollen möglichst weit weg gehen, den Hund ignorieren. Kein Problem. Nach fünf Minuten dürfen sich die Menschen umdrehen, aber Blickkontakt ist noch untersagt. Auch kein Problem. Etliche andere Hunde sind längst irgendwo oder mussten auf ihren Liegeplatz zurück geführt werden.

Dann werden die Hunde gerufen, sollen aufspringen, zum Menschen laufen, „vorsitzen".

Shipa liegt. Stimmlage verändern, erneut rufen. Shipa liegt. Davonsprinten. Shipa liegt. Mit dem Leckerli-Sackerl rascheln. Shipa liegt immer noch. Liegt, bis Mensch nachgibt, ihn abholt und an die Leine nimmt.

Shipa ist nicht stur. Er ist intelligent. Er hat längst begriffen, dass es genauso langweilig weiter gehen wird.

Die Intelligenz unserer Apsos besteht in ihrer enormen Beobachtungsgabe. Ein paar Beispiele:

∞ Sie wissen ganz genau, dass eine bestimmte Jacke, ein bestimmtes Paar Schuhe einen Ausflug auf den Agility-Platz oder einen Spaziergang bedeuten.

∞ Sie kennen den kleinen gelben Koffer. Sie wissen ganz genau, dass sie nicht zuhause bleiben müssen, wenn er gepackt wird. Er enthält alle wichtigen Hunde-Utensilien für die Ausstellung.

∞ Sie verlassen alle fluchtartig das Wohnzimmer oder verstecken sich in ihren Höhlen, wenn eine bestimmte Schublade geöffnet wird. Darin befinden sich alle Bürsten und Kämme.

Die Intelligenz unserer Apsos wird an ihren

Strategien der Problemlösung deutlich:

∞ Im Stiegenhaus ist ein Gitter montiert, damit sie in der Wohnung bleiben und sich nicht im ganzen Haus herumtreiben können.
Shipa hat sehr schnell durchschaut, dass er nur oft genug an der oberen Latte pföteln muss, damit sie aufspringt.
Chomo zieht so oft an der unteren Latte, bis sie aufspringt.
Kiki hat erkannt, dass sie neben diesem Gitter durch das Galerie-Geländer durchspringen kann.

Mehrfach gesichert, aber die Hunde öffnen trotzdem selbst.

Yuni und Zhuzhu stehen der Jugend nicht im Weg, warten im Hintergrund ab, bis das Tor zur Freiheit offen ist.

Wir haben das Geländer mit einer Glasplatte gesichert und an das Gitter einen Sicherheitsriegel montiert.

Es dauerte knapp zwei Wochen, bis Chomo und Shipa in gemeinschaftlicher Arbeit die neue Barriere durchbrochen haben. Auch Yuni beherrscht die Kunst des Schlossknackens mittlerweile. Nur erwachsener menschlicher Besuch scheitert regelmäßig.

∞ Bei jedem Anfall von Putzwut wird das gesamte Spielzeug eingesammelt. Es landet in einem Körbchen und wird unter einen Schrank geschoben. Dort steht es meistens nicht sehr lange. Chomo hat sofort durchschaut, wie er es da wieder herausziehen kann.

∞ Wenn Shipa den Autoschlüssel in Verbindung mit der Leine hört, ist er weg. Wir haben sehr schnell gelernt, die Schlafzimmertür rechtzeitig zu schließen. Shipa hat viel schneller gelernt, dass er exakt in der Mitte unter dem Bett für uns Menschen unerreichbar ist.

Die Intelligenz unserer Apsos zeigt sich in ihrer

Fähigkeit, eine Vielzahl an Namen und Begriffen richtig zuzuordnen. Es stört sie auch nicht, dass wir Menschen oft mit unterschiedlichen Wörtern dasselbe meinen. Sie sprechen sowohl Hochdeutsch als auch Dialekt. Die Fragen „Hinaus?" oder „Aussi?" bedeuten dasselbe wie „Garten?".

Unsere Apsos wissen ganz genau, was „Gutsi" heißt, sie kennen „Küche", „Hunger", „Futter". „Kübel" ist besonders verheißungsvoll, weil darin stinkende getrocknete Rinderlunge aufbewahrt wird.

„Aus dem Weg" ist dasselbe wie „Zupf di". „Gemma schlafen" bedeutet, geschlossen ins Schlafzimmer zu marschieren. „Genug" heißt aufzuhören, menschliche Zehen, Waden oder Hals abzuschlecken. „Schlafen gehen" heißt, sich auf den eigenen Platz zurück zu ziehen und aufzuhören, uns abzuknutschen.

Apsos sind weder bestechlich, noch kooperativ. Sie fallen daher durch den Raster der üblicherweise als intelligent bezeichneten Hunde.

Apsos wissen, was ihnen wichtig ist. Sie sind in der Lage, das auch zu durchzusetzen. Apsos sind extrem intelligente Hunde.

Wir fotografieren Welpen

Mehr als 100 Apso-Welpen haben bereits U-schis Haus bevölkert. Jeder Wurf muss natürlich von der ersten Stunde bis zum Abgabetermin fotografisch dokumentiert werden.

Schon die allerersten Fotos sind schwierig. Ein neuer Wurf am Mutterbusen: Zu sehen sind viele mütterliche Haare, aus denen etliche Welpen-Hinterteile herausragen.

Die Welpen werden also der Mutterhündin kurz weggenommen. Ob Vranzi, Zhuzhu oder Dolkar: Es gefällt ihnen nicht.

Mit viel Glück ist es sehr sonnig. Dann kann ein Sofa zum Fenster geschoben werden, damit optimales Licht herrscht. Ein Blitz kommt nicht in Frage. Welpe dekorativ hinlegen - und sehr schnell sein. Denn selbst ein wenige Stunden alter Welpe ist schneller davon gekrabbelt als ein Fotoapparat scharf stellen kann.

Die zweite Lösung: Ein Shirt in einer Kontrastfarbe anziehen und Welpe in die Hand nehmen. Ist er satt, wird er sich ankuscheln. Und dabei vermutlich seinen Kopf irgendwo hinein stecken …

Etwa 24 Stunden alte Welpen. Oben: die Hündinnen aus dem F^2-Wurf.
Unten: Ebony war besonders klein.

Für Schnappschüsse braucht es besonders viel Geduld. Oder eine Hand, die einen zappelnden Welpen beruhigen kann.

Wirklich spannend wird es, sobald die Welpen etwa drei Wochen alt sind. Ab diesem Zeitpunkt entstehen Unmengen von Bildern, auf denen kein einziger Hund zu sehen ist. Eben waren sie noch da. Eventuell ist noch ein Schwanzspitzchen oder ein Pfötchen am Bild.

Das zweite wirklich große Fotoarchiv: Welpengalopp, auf die Kamera zu, unscharf. Das passiert, wenn Mensch sich auf den Boden legt, um miteinander balgende Welpen zu fotografieren. Sie unterbrechen jedes Spiel, um den Menschen zu überfallen.

Sie müssen schon sehr vertieft in irgendeine Beschäftigung oder Entdeckung sein, damit sie fotografiert werden können. Das ist meist

Satt, ausgetobt, müde. Dann bleiben sie - vielleicht - liegen.

dann der Fall, wenn sie Hausschuhe, Rosensträucher oder anderes anknabbern. Oder sie schlafen.

Für wirklich gute Fotos hilft nur endlos viel Geduld. Oder Hund einfach in den Arm nehmen. Das kann allerdings zu viel Zappelei führen. Am besten ist der Welpe sehr satt und hat sich gerade so viel ausgetobt, dass er nicht gleich einschläft.

Es gibt so viele Szenen im Leben eines Apso-Wurfes. Die erste Begegnung mit Spielzeug. Der erste Ausflug in den Garten. Die erste Fütterung mit Brei. Alles muss dokumentiert werden, auch noch beim hundertsten Welpen.

Mensch am Boden entdeckt!

Einer Herausforderung stellen wir uns immer wieder: Gruppenbild des gesamten Wurfes. Das kann mehrere Stunden beanspruchen. Erfolgsgarantie: keine.

Um ein halbwegs brauchbares Bild zu bekommen, braucht es pro Welpe einen Menschen. Allerdings nicht irgendwelche Menschen, sondern möglichst sportliche, die auf Kommando gleichzeitig aus dem Bild springen können.

Die Platzierungsfrage muss geklärt werden: das Sofa, ein Holzbrett, Erdbeerkörbe. Jedenfalls irgend ein Ort, von dem die Welpen nicht völlig ungehindert, aber doch ungefährdet abzischen können. Denn das werden sie tun.

Fütterung im Garten mit gegenseitiger Reinigung.

Alle erwachsenen Hunde wegsperren. Sie laufen immer zum ungünstigsten Zeitpunkt ins Bild. Vor allem die Mutterhündinnen meinen zwischendurch, sie müssten ihre Kinder retten.

Bleibt noch das Problem der Blickrichtung. Alle Welpen bitte in die Kamera schauen und lächeln: Das funktioniert nicht. Streichwurst: funktioniert bedingt. Die Köpfe sind dann zwar zunächst ausgerichtet. Die Nasen aber am Boden. Bis genügend Streichwurst im Bart klebt. Dann sind die Nasen am Nachbarwelpen, um ihn zu reinigen. Es entstehen jede Menge Fotos von Welpen mit schmutzigen Nasen und langen Zungen.

Einer flüchtet und Dolkar mischt sich ein ...

Irgendwann scheint doch ein Foto geglückt. Alle Welpen sind scharf. Fast alle schauen in die Richtung der Kamera. Der Jubel hält nicht lange. Fehlt da nicht einer?

Mit dem erwachsenen Rudel ist das bedeutend einfacher. Sie sind sozusagen „Fotoerzogen". Sie bleiben dort und so sitzen, wie sie sollen. Sie lassen sich von einem hilfreichen Menschen dazu bewegen, in die richtige Richtung zu schauen. Allerdings: Es ist ihnen allen anzusehen, dass Fototermine keinen Spaß machen ...

Das erwachsene Rudel posiert gekonnt. Aber nicht gerne.

Apsos gefährden die Gesundheit

Menschen, die mit einem Apso-Rudel leben, sind an ihrer Gangart zu erkennen. Sie haben eine ganz besondere Technik, die Füße nie mehr als drei Zentimeter vom Boden abzuheben. Sie wirken immer, als würden sie einen Karton vor sich herschieben. Gingen sie ganz normal, könnte das fatal enden.

Apsos weichen grundsätzlich nicht aus. Haben sie sich erst einmal für einen Liegeplatz entschieden, liegen sie dort auch. Mensch ist dazu angehalten, rund um den Apso herum zu gehen oder drüber zu steigen. Wer 15, 16 Jahre mit einem Apso verbracht hat, steigt auch noch ein Jahr nach dessen Tod über den bevorzugten Liegeplatz.

Die Auswahl der Liegeplätze von Apsos ist ganz einfach. Sie liegen grundsätzlich dort, wo sie am meisten im Weg sind. Zum Beispiel am Teppich im Badezimmer, unmittelbar vor der Dusche. Auf so einem kleinen Teppich haben sogar mehrere Apsos genügend Platz.

Mensch muss mit nassen Füßen auf die kalten Fliesen steigen und zum Waschbecken balancieren. Apsos würden nicht einmal dann den

Teppich freigeben, wenn Mensch ausrutscht.

Ein stark frequentierter Apso-Liegeplatz ist unmittelbar vor dem menschlichen Bett. Apsos nutzen dabei die Hausschuhe als Kopfpolster. Sie fühlen sich in ihrer Ruhe gestört, wenn Mensch mitten in der Nacht das Bett verlässt und womöglich in Hausschuhen wohin auch immer gehen will.

Deshalb legen sie sich anschließend exakt vor die Schlafzimmertür. Menschen, die das nicht wissen oder kein Licht aufdrehen, sollen schon von der Tür direkt ins Bett zurück gefallen sein.

Ergonomisch ausgestattete Küchen bieten möglichst kurze Wege zwischen Herd, Abwasch und Kühlschrank. Es ist ganz erstaunlich, wie viele Apsos auf diesen kurzen Wegen herumliegen können.

Kochende Apso-Menschen sind daran zu erkennen, dass sie fallweise auf Zehenspitzen im Storchenschritt herumstaksen. Nur so ist Bewegung in einer von Apsos belegten ergonomisch ausgestatteten Küche möglich.

Das allein schützt allerdings nicht vor der Stolpergefahr. Apsos sind klug. Sie wissen, in welcher Schublade die Futterschüsseln sind. Sie wissen, was ein Kühlschrank ist. Sie wissen, dass Fleisch geschnitten wird, wenn ein Messer gewetzt wird. Und heben im exakt richtigen Augenblick den Kopf. Möglicherweise wollen sie ja bewirken, dass Mensch noch schneller im Kühlschrank, bei der Futterschüssel-Lade oder beim Messerblock ist. Falls nötig, eben im Flug.

Kluge Apsos – und somit alle Apsos – wissen, dass sich Mensch kaum mehr bewegt, sitzt er einmal vor einem Computer. Sie machen es ihm gleich. Sie werden zu Fellhaufen. Allerdings: diese Fellhaufen liegen strategisch gut aufgeteilt.

Fellhaufen Nummer 1: zwischen den Rädern des Schreibtischsessels. Es sind seltsame Verrenkungen notwendig, will Mensch seinen Arbeitsplatz verlassen.

Fellhaufen Nummer 2: zwischen Arbeitsplatz und dem Regal mit den wichtigsten Ordnern. Dehn- und Streckübungen sind notwendig. Das dient gleichzeitig der Erziehung des Menschen zu einer gewissen Ordnung: lose Blätter in Heftordnern gibt es nicht mehr. Apsos mögen es nicht, von heraus fallendem Papier zugedeckt zu werden.

Fellhaufen Nummer 3: Vor dem Archivregal.

Es ist gar nicht so einfach, über einem Apso eine Leiter aufzustellen, um auch ins höchste Regal greifen zu können. Für das Arbeitszimmer gilt, was auch in der Küche passiert: Apsos heben den Kopf grundsätzlich im ungünstigsten Moment.

Auch Apsos in Bewegung sind eine permanente Gefahr für ihre Menschen. Kaum hat Mensch die Tasse mit frischem, heißem Kaffee in die Hand genommen, springt ein Apso. Auf den Schoß. Kaffee landet nicht wie vorgesehen im Magen, sondern vorzugsweise auf Blusen, Hemden, T-Shirts.

Wer Futterschüsseln in der Hand hält, ist mehrfach gefährdet. Es kann manchmal Apsos nicht schnell genug gehen. Dann schubsen sie. Gekonnt, mit den Vorderpfoten in die Kniekehlen ihres Menschen. Ob Futter in der Schüssel bleibt oder über den Teppich verstreut ist, kümmert Apso wenig. Genauso wenig Menschen, die mittendrin liegen.

Eine besondere Herausforderung sind Treppen. Es ist für Menschen niemals absehbar, wann welcher Apso auf welche Stufe hinauf oder hinunter springt. Sich womöglich sogar wedelnd hinlegt. Sich durch menschliche Beine zwängt. Sie tun das alles punktgenau zu jenem Zeitpunkt, in dem Mensch einen Schritt nach oben oder unten macht und bereits das Gewicht verlagert. Ein Handlauf ist ein absolutes Muss für Apso-Menschen mit Stiegen im Wohnbereich. Wenn Mensch trotz Apsos schwere oder unhandliche Sachen über eine Treppe transportieren will, kann er noch nicht lange mit Apsos leben.

Es ist nicht ratsam, über einen Apso zu stolpern, wenn mehrere Apsos im Haus sind. Ein Mensch, der über einen Apso fliegt, landet zwangsläufig auf einem anderen. Ausweichmanöver bringen nichts: Auch hier steht, liegt, sitzt ein Apso.

Selbst im Garten liegen strategisch günstig platzierte Stolperfallen.

Sollten Apsos – aus welchem Grund auch immer – nicht höchstpersönlich im Weg herum liegen können, bedienen sie sich ihres Spielzeugs.

Das ist strategisch über das gesamte Revier verteilt. Das

Teuflische daran: Es gibt keine für Menschen nachvollziehbare Ordnung. Der Ball lag eben noch ganz wo anders. Das sabbernasse Plüschtier war unmittelbar vorher auch noch nicht da. Mensch steigt zielsicher drauf. Schreckt sich. Rutscht aus. Apso: wedelt.

Deshalb sind Menschen mit einem Apso-Rudel an ihrer Gangart zu erkennen.

Kinder können lustig sein

Immer wieder werden wir gefragt: Sind Apsos „kindertauglich"? Gegenfrage: Sind Ihre Kinder „hundetauglich"? Unsere Hunde sind dann geeignet für Kinder, wenn Kinder wissen, wie sie mit Hunden umgehen sollen.

Es gibt Kinder mit einem sehr guten Gespür für Hunde. Sie wissen instinktiv, wie sie sich verhalten sollen. Sie sind langsam, lassen den Hund kommen, drängen sich nicht auf. Ihre Eltern gehen ihnen mit gutem Beispiel voran.

Sophie, drei Jahre alt, ist besonders liebevoll.

Zum Beispiel Sophie, drei Jahre alt. Der kleine Wirbelwind ist plötzlich langsam und fürsorglich. Sie weiß, dass sie Welpen nicht aufheben darf. Die Hunde sind in ihrer Gegenwart locker, entspannt und unbekümmert.

Den erwachsenen Hunden versuchte sie Spielzeug zuzuteilen, damit sie nicht um eines „streiten" mussten. Sie hat recht schnell verstanden, dass die Hunde miteinander spielen. Und hat mitgespielt.

Ihrer älteren Schwester Khayla sind die Beine eingeschlafen. Sie ist viel zu lang bewegungslos am Boden gekauert. Zwei Welpen haben

David, sechs Jahre alt, ist unser „Sozialisierungs-Helfer".

auf ihr fest geschlafen. Sie wollte sie auf keinen Fall stören oder womöglich aufwecken.

Welpenzeit bedeutet auch: Die Nachbarkinder werden eingeladen. Schon im Alter von wenigen Wochen lernen unsere Hunde Kinder jeden Alters kennen. David und sein großer Bruder Christian haben längst das Privileg, jederzeit in den Welpengarten gehen zu dürfen. Bei diesen beiden Buben passen nicht einmal mehr die Hundemütter sonderlich gut auf, was passiert.

Unsere Hunde und die Hunde aus unserer Zucht sind „kindertauglich".

Es gibt aber auch Kinder, die nie lernen durften, dass ein Hund ein Lebewesen mit eigenen Bedürfnissen und einer eigenen Sprache ist.

Ein siebenjähriges Mädchen zu Gast. Ihre erste Reaktion auf unsere Hunde: lebendige Plüschtiere! Super!

Damit ist klar: Sie braucht eine kleine Unterweisung im Umgang mit Hunden. Sie dürfen gestreichelt werden, wenn sie selbst kommen. Geht ein Hund wieder, wird er in Ruhe gelassen. Spielzeug werfen ist okay. Mit Kuchen füttern ist nicht okay.

Zunächst läuft alles gut. Kind und Hunde unter

Beobachtung. Irgendwann entspannen sich alle Erwachsenen, die Aufmerksamkeit lässt nach. Fehler. Eindeutig.

Tiefes Knurren aus der Hundebox, die immer offen herumsteht. Ein kreischendes Kind.

Yuni wollte nicht mehr gedrückt werden. Er hat sich in die Box zurück gezogen Das Mädchen ist ihm nachgerobbt. Yuni hatte keine Möglichkeit mehr auszuweichen.

Yuni schimpfen? Wofür? Das Mädchen musste vom Hund selbst lernen, was ihr bislang niemand beigebracht hatte.

Yuni beim „Ferienspiel" in der Hundeschule.

Ausgerechnet Yuni. Er ist die personifizierte Geduld, wenn es um Kinder geht. Er lässt sich streicheln, geht brav an der Leine. Er hat darauf verzichtet, bei einem Waldspaziergang einem Eichhörnchen nachzujagen, weil ein Kind die Leine gehalten hatte.

Beim Ferienspiel unserer Hundeschule ist er der perfekte Begleiter für die jüngeren Kinder. Nie ein Leinenzug, immer volle Konzentration auf das Kind. Er springt immer wieder mit den Kindern über Hürden, läuft langsam über den Steg. Irgendwann muss Yuni vor den Kindern

Yuni beim Juniorhandling mit Sophie Konrad.

gerettet werden, damit er zwischendurch auch eine Pause bekommt.

Yuni feierte bereits sein zehnjähriges „Dienstjubliäum" als Juniorhandling-Hund. Unzählige Kinder haben mit ihm an der Leine ihre ersten Trainingseinheiten absolviert. Und eine ganze Reihe von Kindern haben mit ihm Top-Platzierungen im Bewerb erreicht. Sophie Konrad durfte mit ihm sogar bei der Weltmeisterschaft im Jahr 2012 in Salzburg antreten.

Sind zu wenige Hunde zum Trainieren da, springt fast unser gesamtes Rudel ein. Nur Chomo und Zhuzhu verweigern. Die beiden lassen sich dafür am Rand des Trainingsgeländes stundenlang streicheln und knuddeln.

Ein ganz normaler Tag ...

Sonntag, 6 Uhr morgens. Der Wecker klingelt. Vorsichtshalber. Das Wetter war am Samstag schon furchtbar. Tatsächlich: strömender Regen. Es ist ein ganz normaler Ausstellungstag, irgendwo in irgendeiner kleinen, größeren oder großen Stadt in Europa.

Das ist die Horrorvariante. Aus irgendeinem Hotelbett in die Kleidung vom Vortag springen. Mit allen gemeldeten Hunden die erste Pinkelrunde. Rund ums Hotel gibt es kein einziges Grasfleckchen. Kiki will aber nicht auf Asphalt

Shipa und Chomo warten geduldig und entspannt.

pinkeln. Shipa will nach drei Metern zurück ins Trockene. Chomo wittert viele andere Hunde im Hotel und ist ständig am Sprung, den Rest des Rudels gegen potentielle Feinde zu verteidigen. Yuni trabt fröhlich durch den Regen.

Zehn Minuten später zurück im Hotel. Triefend nasse Hunde mit schwarzen Pfoten tropfen auf den Teppichboden. Alle gemeinsam ins Badezimmer bugsieren, bevor der erste Hund auf die Idee kommt, sich im Bett abzutrocknen. Pfoten ausspülen, Bauch abspülen. Die Hundehandtücher sind natürlich nicht im Bad, sondern im Koffer. Etwas später das Problem, einen Stapel nasser Handtücher irgendwie wieder im Koffer verstauen zu müssen.

Bei Frühstück: Fachsimpeleien. Hundemenschen aus aller Welt mit allen möglichen Rassen lernen einander zwischen Haferflocken, Käse und Orangensaftkonzentrat kennen. Es wird mächtig angegeben mit BOBs, CACIBs und sonstigen höchst wichtigen Erfolgen. Erfahrungen mit Richtern, Ausstellungsorten und nationalen Reglements werden ausgetauscht. Auch gegenseitiges Belächeln steht am Programm. Die Hütehundler lächeln über die Begleithundler, die Schäfer sowieso über alle, die Langhaar-Liebhaber über die nackten. Jede und jeder im Saal hat die einzig wahre Rasse, die es wert ist, geliebt, gezüchtet und heute auch prämiert zu werden.

Der Blick auf die Uhr. Jetzt aber Tempo. Der Koffer muss unter die Hundebox, die Hunde werden strategisch im Auto verteilt – selbstverständlich hinaus getragen, damit sie nicht noch einmal nass werden. Bitte ein Parkplatz ohne Wiese, Sand oder Schotter, möglichst nah am Eingang der Ausstellungshalle, sonst wird es anstrengend.

Ankunft am Ausstellungsgelände. Trimmtisch

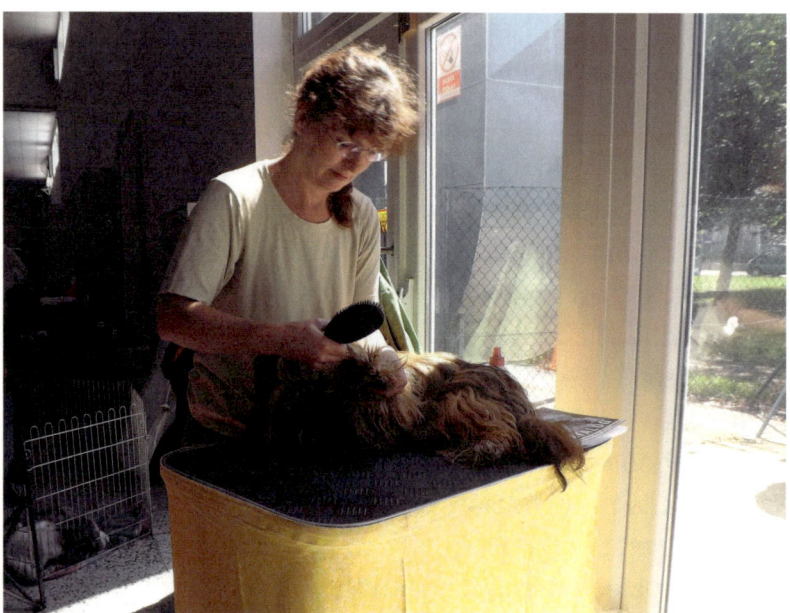

Endstyling auf der Show: Ruhe bewahren!

aus dem Auto, zwei Boxen drauf, alles mit Spanngummis verzurrt. Hunde-Utensilienkoffer zu Yuni in die Box. Campingstühle ganz oben drauf. Die Kamera auch noch irgendwo hinein, wo sie nicht nass wird. Und bitte: Die Hose soll sauber bleiben. Schmutzflecken geben im Showring kein gutes Bild. Nasse Zehen sind egal.

Chomo hasst es, in der Box herumgefahren zu werden. Er jault und fiepst und knurrt. Shipa versucht sich durch das Plastikgitter durchzugraben. Yuni macht Ordnung in seiner Box. Mit Kiki unter dem Arm ist es einigermaßen schwierig, aus der Handtasche Meldebestätigungen und Impfpässe zu klauben. Immerhin ist Kiki noch trocken.

Am Ring heißt es, den idealen Platz zu finden. Möglichst ohne Luftzug. Möglichst freier Blick auf das Geschehen im Ring. Möglichst viel Platz. Uschi bringt Dolkar, Zhuzhu und Vranzi mit einer weiteren Box. Sie richtet irgendwo am anderen Ende des Ausstellungsgeländes irgendeine andere Rasse. Nicht zum ersten Mal an diesem Tag: ein dankbarer Blick zu meinem Begleiter. Ohne Sherpa wäre dieser Tag hart.

Die Boxen vom Trimmtisch runter, Tisch aufstellen, Stühle aufklappen. Dazwischen die Regenjacke ausziehen. Im Ring die Startnummern abholen. Auf den Wegen dazwischen: da begrüßen, dort begrüßen. Du auch da? Mit welchem Hund? Niedersetzen. Durchatmen.

Ein erster Blick in den Katalog: Wann ist welcher meiner Hunde an der Reihe, wer ist die Konkurrenz? Viel Zeit bleibt nicht. Noch eine Stunde, dann muss bei Shipa, Chomo und Kiki das Styling für die Show vollendet sein. In dieser Reihenfolge. Yuni startet nur beim Juniorhandling. Aber das geht sich zeitlich nicht gut aus, also muss auch er noch vor dem Beginn

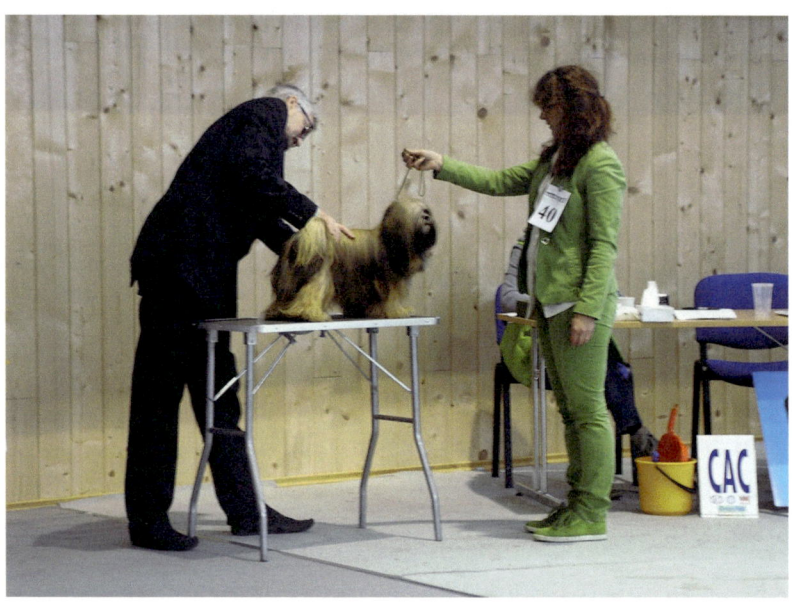

Shipa steht am Beurteilungstisch - wie eine Statue.

des Richtens gebürstet sein.

Es ist nie genug Zeit. Trotzdem heißt es: Ruhe ausstrahlen. Bloß die Hunde nicht nervös machen, sonst wird die Prozedur zur Qual und dauert doppelt so lang. Parallel dazu wieder Fachsimpeleien. Über diese Zuchtlinie, über jenen Deckrüden. Andere Apso-Menschen wollen zwischendurch Chomos Zähne, Kikis Augenschnitt begutachten. Ein neuer Rüde gegenüber: Kommt er als Deckrüde für eine unserer Hündinnen in Frage?

Es ist so weit. Shipa, der jüngste Rüde, ist der erste. Bitte nicht mehr schütteln, sonst ist womöglich der Scheitel wieder Vergangenheit.

Nach Shipa fliegender Wechsel zu Chomo. Er wird mir am Ringrand endgestriegelt überreicht. Mit Shipa bitte warten: die beiden könnten ja womöglich noch gegeneinander um den schönsten Rüden antreten müssen. Zum Glück lassen sich meine Hund auch von meinem Begleiter ausstellen. Mindestens so wichtig: Er kann das mittlerweile auch. Beide Hunde stehen wie Statuen hinter einander im Ring, traben perfekt an den dünnen Vorführleinen.

Jubel! Die Buben haben ihre Aufgabe bravourös gemeistert. Wieder ein Stück näher am nächsten Champion-Titel. Jetzt darf geknuddelt werden, die Frisur ist – vorläufig – Nebensache.

Fehlt noch Kiki. Sie wedelt ununterbrochen, findet das alles sehr witzig. Sie steht perfekt am Vorführtisch und wartet drauf, dass sie endlich den Richter küssen darf. Auch sie: tolle Leistung, tolles Ergebnis.

Der Rest des Rudels liegt zwischenzeitlich völlig entspannt in den und um die Boxen herum. Bewacht von jenen, die direkt daneben noch versuchen aus ihren Apsos Frisuren auf Pfoten zu machen. Oder aus ihren Pons, oder Pu-

Zum ersten Mal mit Shipa und Kiki in der Paarklasse: Jubel!

del, oder Malteser. Hier hilft die Hundewelt einander.

Eine Stunde später ist eigentlich alles vorbei. Eigentlich. Yuni ist irgendwo unterwegs mit irgendeinem Kind beim Juniorhandling. Wir haben seit Stunden nichts getrunken, nichts gegessen. Das gesamte Rudel braucht dringend eine Pinkelrunde. Wo, zum Teufel, sind die Halsbänder und Leinen hin verschwunden? Mit sieben Hunden Richtung Ausgang durch eine Horde von Menschen, die „Hunde schauen" wollen. Ach, wie süß! Die sehen ja gar nichts! Die müssen doch jeden Tag stundenlang gebürstet werden …? Kommentare, die in jeder europäischen Sprache irgendwie gleich klingen.

Die Warterei beginnt, zuerst auf die Fertigstellung der Papiere. Dazwischen Übersiedlung mit allen Hunden, Boxen, Campingstühlen zum Ehrenring. Auf die Auftritte im Ehrenring, für die noch einmal ein paar Bürstenstriche notwendig sind. Auf Yuni, der irgendwann zurück gebracht wird, nachdem er einem weiteren Kind zu einer guten Platzierung verholfen hat. Auf das Ende dieses Ausstellungstages. Auch Uschi taucht irgendwann auf und übernimmt wieder einen Teil des Rudels.

Irgendwann sind alle und alles wieder im Auto verstaut. Eine stundenlange Heimreise beginnt. Im Regen. Es war wieder ein langer, anstrengender Tag. Die vielen Eindrücke werden bis vor die Haustür diskutiert. Zuhause sprinten die Hunde in den Garten.

Es dauert keine zehn Minuten, bis aus den wunderschönen Frisuren auf Pfoten auch optisch wieder völlig normale Alltagsapsos werden.

Spielzeug ist wichtig

Es liegt überall herum. Riesige rote Plüschherzen. Mehr oder wenige intakte Hasen, Elefanten, Giraffen. Verknotete bunte Seile und deren Reste. Bälle, Quietschtiere. Aber auch Klopapierrollen und leere Zigarettenpackungen. Unsere Apsos spielen gerne und viel.

Für Chomo ist Spielzeug ein Ausdruck von größter Freude. Willkommene Besucher werden mit irgendeinem Plüschtier im Maul begrüßt. Wann immer jemand die Leinen für einen Spaziergang in die Hand nimmt: Chomo hüpft mit Spielzeug herum. In den Garten hinausgaloppieren ohne Spielzeug: Das geht gar nicht.

Irgendwann hat Chomo begriffen, dass auch Menschen Spielsachen nicht widerstehen können. Wann immer Mensch irgendeinen anderen Hund des Rudels auf den Schoß nimmt, kommt Chomo angetrabt. Er setzt sich demonstrativ davor. Im Maul: ein Elch, ein Nilpferd, eine Stoffwurst. Hat er damit allein nicht gleich Erfolg, kommt die nächste Stufe. Das Spielzeug wird dezent auf den Schoß gelegt. Ob Dolkar, Vranzi oder Zhuzhu ihn dann anbrummen, ist ihm ziemlich gleichgültig. Hauptsache, die Aufmerksamkeit gehört wieder ihm allein.

Yuni ist ein Spielsachen-Schleuderer. Es wird ein paar Mal geschüttelt und dann einfach ausgelassen. Hin und wieder passiert es, dass irgendetwas auf seinem eigenen Rücken landet. Der alte Hund schafft erstaunliche Verrenkungen und Pirouetten, um sich selbst zu befreien. Yuni muss jede ergriffene Beute gründlich bewedeln, bevor er sie wieder wirft.

Shipa übertrifft Yuni noch. Immer wieder segelt irgendetwas durch die Luft. Shipa ist hochkonzentriert. Wo immer seine Sachen landen: Ein Sprung genügt, Drehung noch in der Luft, und er hat wieder eingefangen, was davongeflogen ist. Erneut schütteln, segeln, springen. Nur manchmal gibt es Landeplätze, die eher ungünstig sind. Die Oberkante des Fernsehers: Shipa kann sich weit genug strecken, um das Spielzeug wieder herunter zu holen. Allerdings besteht die Gefahr, dass ihn wieder jemand direkt aus dem Fernseher anbrüllt. Annäherung ist daher nur noch seitlich denkbar.

Oder der Schwingsessel, für den absolutes Hundeverbot gilt. Shipa streckt sich unter der Lehne durch. Das ist Chomos oder Kikis Chance, das Spielzeug zu ergattern. Beiden ist im Augenblick der Plüschtierjagd jegliches Verbot egal.

Dramatisch wird es nur im Garten. Es ertrinken immer wieder Plüschtiere im Teich. Das bringt Shipa zur Verzweiflung. Er dreht Runden um den Teich, streckt sich von allen möglichen Seiten über die Wasseroberfläche. Ganz selten fällt er dabei hinein. Ins Wasser springen: Kommt nicht in Frage. Ihm muss geholfen, das Plüschtier gerettet werden. Allerdings schätzt er nasses Spielzeug gar nicht.

Vor allem Shipa und Kiki haben klar deklarierte Lieblingsspielsachen. Shipa teilt seinen Löwen

Chomo will Shipa das Plüschtier klauen.

nur ungern. Kiki verteidigt ihren Vogel. Notfalls legt sie sich einfach drauf, damit ihr kein anderer Hund den Vogel wegnehmen kann. Manchmal kommt sie dabei in ein persönliches Dilemma: mit den anderen herumtoben oder weiter bewachen?

Alle unsere Apsos mögen Pappe. Daran wird so lange herumgekaut und gezerrt, bis nur noch nasse, klebrige Konfetti übrig sind. Wer immer eine Klopapierrolle in Anwesenheit eines unserer Hunde wechselt, erntet höchste Aufmerksamkeit.

Lieblingsspielzeug der Welpen: der lange Wurm.

Für Welpen gibt es eigene Spielsachen. Die kleinen gehäkelten Bälle sind für sie besonders gut geeignet. Sie sind so weich, dass sie auch in einem kleinen Welpenmaul problemlos herumgetragen werden können. Mit diesen Bällen können sie allerdings nur unter Aufsicht von Menschen spielen. Vranzi und Dolkar tragen sie sonst davon und retten sie in irgendein Körbchen. Von den erwachsenen Hunden unbeachtet bleibt ein besonders langer und dehnbarer Plüschwurm. Mit ihm können mehrere Welpen gleichzeitig spielen und sich gegenseitig durch den Raum ziehen.

Ganz gleich, welcher unserer Hunde mit einem Spielzeug beschäftigt ist: Es muss zu diesem Zeitpunkt genau dieses sein. Kein einziger unserer Hunde ist bereit, ein anderes zu nehmen, bloß weil ein Mensch das will. Apsos wissen eben auch bei der Wahl der Spielsachen ganz genau, was sie wollen.

Platons Hundeleben
Episoden und mehr

Birgit Primig lebt seit ihrer Jugend mit Lhasa Apsos, den tibetischen Tempelhunden. In diesem kleinen Band hat sie eine Vielzahl von Texten über ihre beiden Hunde Platon und Yu-Ni veröffentlicht.

Gleich im ersten Beitrag stellt sie klar: Platon ist ein Hund! Ein vollwertiger Hund, mit allen Hundeattributen. Ob auf Reisen, beim Einkaufsbummel oder im Büro: Platon ist dabei. Es geht um gute und schlechte Liebhaber, um Show und Agility. Um Hundenachwuchs und um die ersten Alterszipperlein.

Abgerundet wird das Buch mit einem Reisebericht in das Land von Platons und Yu-Nis Urahnen: Tibet.

Der letzte Text: eine Weihnachtsgeschichte, die sich zwar nicht um Platon und Yu-Ni dreht, in der Hunde aber trotzdem eine wesentliche Rolle spielen.

Books on Demand, Norderstedt, 2008. 72 Seiten, 10 Farbfotos. ISBN-13: 9-783-83706775-0. Preis: ☐ 8,70

Rassehunde perfekt präsentieren
Junior und Show Handling in Österreich

Junior Handling ist eine Wettbewerbs-Sportart für Kinder und Jugendliche. Sie versuchen, Rassehunde möglichst perfekt zu präsentieren, und werden dabei nach genauen Kriterien beurteilt. Show Handling ist die Präsentation von Hunden im Rasse-Bewertungsring. Auch dort soll sich jeder Hund von seiner besten Seite zeigen können.

Zunächst geht es um die Wirkung der Arbeit mit Hunden auf Kinder und die Führung eines Hundes über Körpersprache, Stimmeinsatz und Leine. Dann Junior Handling pur: Alle Figuren im Detail und mit anschaulichen Grafiken. Auch RichterInnen kommen nicht zu kurz: Eine Fülle von Tipps, wie Junior Handling bewertet werden kann. Abgerundet wird das durch nationales und internationales Reglement.

Dem besseren Verständnis dienen zahlreiche Fotos.

**Paperback, 120 Seiten, viele Farbfotos und Grafiken.
Books on Demand, ISBN: 9-873839-166710, Preis: ☐ 19,40**

Kontakt:

Lhasa Apso-Zucht „von Niederottnang"
www.lhasaapso.at
www.facebook.com/LhasaApsoZuchtVonNiederottnang

Uschi Eisner
T: 0043 (0) 64 12 / 79 83
E: u.eisner@aon.at

Birgit Primig - Training & Public Relations
T: 0043 (0) 699 / 115 00 462
E: info@birgit-primig.at